CATALOGUE
D'ESTAMPES
HISTORIQUES

CATALOGUE

D'UNE COLLECTION

D'ESTAMPES

HISTORIQUES

TOPOGRAPHIE SUR PARIS ET LA FRANCE

Vues des Châteaux de Versailles, Fontainebleau et de France, etc.,

FORMANT LA DEUXIÈME PARTIE

De la Collection de M. le Docteur W***

DONT LA VENTE AUX ENCHÈRES PUBLIQUES AURA LIEU

HOTEL DES COMMISSAIRES-PRISEURS

Rue Drouot, n° 5

SALLE N° 3, AU 1er

Les Lundi 27 et Mardi 28 Janvier 1862, à deux heures.

Par le ministère de Me DELBERGUE-CORMONT, Cre-Priseur,
rue de Provence, 8,

Assisté de M. CLEMENT, Md d'Estampes de la Bibliothèque
impériale, 3, rue des Saints-Pères,

Chez lesquels se distribue le présent Catalogue.

EXPOSITION PUBLIQUE

Le DIMANCHE 26 Janvier 1862, de une heure à quatre heures.

PARIS — 1862

CONDITIONS DE LA VENTE

Elle sera faite au comptant.

Les Acquéreurs paieront, en sus des adjudications, CINQ pour CENT, applicables aux frais.

DÉSIGNATION

DES

ESTAMPES

1 — Généalogie de la maison de Bourbon et les différentes branches qu'elle a formées. — Carte généalogique des rois de France, avec l'état des principaux officiers de la maison du roi (Louis XIV), où se trouvent les portraits des rois. Deux pièces.

2 — Entrevue de François Ier et Charles V en 1538. Pièce gravée par G. de Prenner.

3 — Mort de Henri II aux Tournelles, le x juillet M.D.LIX. Pièce gravée sur bois, de la suite de Perrissin et Tortorel. Très-curieuse pour les costumes et les meubles.

4 — Pièces historiques sur les guerres de religion aux XVIe et XVIIe siècles. Massacre de la Saint-Barthélemy. Assassinat d'Henri IV, etc. Onze pièces gravées par J. Luiken.

5 — Colloque tenu à Poissy en 1561 et appréhension de catholiques. Pièces historiques sur les guerres de religion.

6 — Assassinat de Henri III par J. Clément. On voit, sur le devant de l'estampe, l'assassin, à genoux, aux pieds du roi, lui remettant d'une main une lettre, et, de l'autre, il lui enfonce le couteau meurtrier dans le cœur. Dans le fond, on voit Henri III assis sur son lit et tenant un crucifix de ses deux mains. Pièce de la plus haute curiosité et extrêmement rare.

7 — Procession de la Ligue. Petite pièce in-4º en largeur. Très-rare.

8 — Henri IV guérissant les écrouelles, par Firens. Très-belle épreuve.

9 — Pyramide dressée à la porte du palais, en mémoire de l'attentat de Duchâtel contre la vie du roi Henri IV, par Meunier.

10 — Assassinat de Henri IV par Ravaillac. Dans le fond, les scènes d'exécution de Ravaillac et le cimetière des Innocents. Pièce du temps, gravée sur bois, in-folio en largeur. Très-rare et curieuse.

11 — Autre assassinat, *Gaspard Bouttats fecit Antwerpiæ*. Au bas est écrit : le Massacre de Henri le Grand.

12 — Statue équestre de Henri IV, élevée en la place du Pont-Neuf de Paris, en l'année 1635. *P. Brissart del et sculp*. A Paris, chez Contat.

13 — Statue équestre de Henri le Grand; au bas, cinq vers à la reine. Première épreuve avec les armes de France et de Navarre.

14 — Pourtraict du sacre et couronnement de Marie de Médicis, royne très-chrestienne de France et de Navarre, faict à Sainct-Denis en France le jeudi 13 de may 1610. Gravé par *Léonard Gaultier*, 1610, avec un texte en français autour du sujet. *A Paris, chez Jean Leclerc, 1610*. Pièce rare.

15 — Portrait de François Ravaillac, assassin de Henri IV; aux quatre coins de l'estampe on voit les différentes scènes de son supplice et l'assassinat de Henri IV. Gravé dans le goût de C. de Passe. Rare.

16 — Couronnement de Louis XIII; dans la marge du bas douze vers, d'après *F. Quesnel*, par *Thomas de Leu*. Rare.

17 — Louis XIII et Gaston d'Orléans à cheval. Pièce gravée par A. Bosse et connue sous le nom : *les Forces de la France*, etc.

18 — Les magnificences publiques du carrozel fait en la place Royale de Paris, le jeudi v avril M.D.CXII, à l'occasion du mariage de Louis XIII et d'Anne d'Autriche. A Paris, chez Jean Leclerc, 1612. Gravé à l'eau-forte par Joan Ziarnko, Polonais. Pièce extrêmement rare, surtout avec la légende, texte descriptif du carrousel.

19 — Dessin des pompes, magnificences du carrousel fait en la place Royale, à Paris, les v, vi et vii d'avril 1612, par C. Chastillon. Très-rare avec le texte donnant la description succinte de la place Royale.

20 — Pourtraict de la statue à cheval dressée, en la place Royalle de Paris, à l'éternelle mémoire du très-victorieux Louis-le-Juste, roy de France et de Navarre. Pièce en hauteur. Rare.

21 — Mort du maréchal d'Ancre, le 24 avril 1617. Au fond, les scènes de son supplice. Pièce très-curieuse et extrêmement rare.

22 — Figures pour l'exercice de monter à cheval, par messire Ant. de Pluvinel. Trente pièces gravées par C. de Passe. Très-belles épreuves tirées avant l'encadrement.

23 — Cérémonies du sacre de Louis XIV à Reims. Trois pièces gravées par J. Lepautre. Belles épreuves.

— 9 —

24 — Plan du siége d'Arras, avec un texte explicatif en français et hollandais. A *Amsterdam, chez C. Danckertsz.* Rare.

25 — La Desfaite des chats. Merveilleux combats des chats pris par les rats, etc. Pièce satirique très-curieuse sur la prise d'Arras en 1640. Rare.

26 — Cérémonie observée au mariage d'Uladislas IV, roi de Pologne, et de Louise-Marie de Gonzague, princesse de Mantoue, à Fontainebleau, le 25 septembre 1645, dessinée et gravée à l'eau-forte, par *A. Bosse.* (Cat. de M. Duplessis, 1223.) Très-belle épreuve d'une pièce capitale de Bosse.

27 — La magnifique et somptueuse entrée faite à Paris à Leurs Majestés, par les bourgeois et habitants de leur bonne ville de Paris, le mercredi 18e d'aoust 1649. *De l'imprimerie de B. Montcornet,* etc. Pièce très-rare, avec un texte descriptif au bas de l'estampe.

28 — Monument élevé par la ville de Paris, le 14 juillet 1689, pour conserver la mémoire de l'honneur que lui fit Louis-le-Grand, le 30 janvier 1687, en y dînant avec la maison royale. Au milieu, la statue de Louis XIV, d'après A. Coysevox. De chaque côté, des scènes de son règne. *Jean Beausire,* archi-

tecte de la ville, invenit. Dessiné et gravé par Pierre Lepautre. Grande et belle pièce en hauteur. Elle est mal conservée.

29 — Marche et cérémonie faites le 26 mars 1686, pour l'élévation de la statue du roi Louis XIV, élevée en la place des Victoires, par M. le maréchal de La Feuillade.

30 — Marche du corps de ville de Paris pour l'érection de la statue équestre du roi sur la place Louis-le-Grand, en 1699.

31 — Statue équestre de Louis XIV sur la place des Victoires, en 1699. Pièce gravée par Lepautre.

32 — Vue de la place des Victoires où M. le maréchal de La Feuillade a dressé un monument à la gloire de Louis XIV, par Nolin.

33 — Représentation du magnifique dessin et feu de joie fait devant l'Hôtel-de-Ville de Paris, le 5 septembre, jour de la naissance de Louis XIV, par J. Marot.

34 — Le thrône royal de Louis XIV. Pièce gravée par Jean Marot.

35 — Le trosne royal de France. Almanach très-curieux, renfermant tous les portraits de la famille royale de Louis XIV. A Paris, chez N. Regnesson.

36 — Conclusions de la philosophie universelle. Allégorie avec le portrait de Louis XIV en guerrier romain. Grande pièce en deux feuilles, gravée par Poilly, d'après C. Le Brun.

37 — Conclusions de philosophie, avec le portrait de Louis XIV également en guerrier romain. Grande pièce en deux feuilles, gravée par Pitau, d'après Lepautre.

38 — Louis XIV visitant l'Observatoire, par S. Leclerc.

39 — Audience donnée par le roi Louis XIV aux ambassadeurs du roi de Siam, le 1ᵉʳ septembre 1686.

40 — Cérémonie du mariage de Charles II, roi d'Espagne, avec Marie-Louise d'Orléans, fait au château royal de Fontainebleau, dans la chapelle des religieux de l'ordre de la Sainte-Trinité, le 31 août 1679. Dessiné et gravé sur les lieux par P. Brissart. Belle pièce rare.

41 — Cérémonie du mariage de Mgr le duc de Bourgogne avec la princesse de Savoie. Partie d'un almanach du temps, très-curieuse à cause des costumes qui sont coloriés.

42 — Repas donné à Paris, par l'ambassadeur d'Espagne, à l'occasion du mariage du prince

des Asturies, en 1707 et pyramide du feu d'artifice donné à la même occasion. Deux pièces gravées par Scotiz, d'après Desmaretz.

43. — Vues et plans des villes assiégées par les armées du roi Louis XIV. Cinquante-cinq pièces publiées par Beaulieu, géographe-ingénieur des armées du roi.

44. — Batailles et combats donnés par les armées du roi Louis XIV. 27 p. gravées par Sébastien Leclerc.

45. — Vues de villes assiégées par les armées de Louis XIV. 31 p., avec les bordures, publiées par Beaulieu.

Les mêmes vues. 28 p. sans les bordures.

46. — Vues des batailles et combats donnés par les armées du roi Louis XIV, à Nordlingen, Fribourg, Lens en Flandre, Furnes et Ypres. Rocroy et à la ville de Ter. 8 grandes pièces exécutées d'après les dessins de Beaulieu et Della Bella et gravées par Colignon, Cochin, Ertinyer et Frosne.

47. — Différentes conquêtes de Louis XIV. 11 p. gravées par Wolff.

— 13 —

48 — Décorations funèbres et catafalques pour Louis de Bourbon, prince de Condé, en 1687. 4 pièces dessinées par Berain et gravées par Marot, Lepautre et Dolivar.

49 — Marche du cortége pour la pompe funèbre de la reine Christine de Suède, célébrée à Rome, en la basilique du Vatican, le XIX avril M.D.LXXXIX. Romæ, Jo. Jacobi de Reubeis.

50 — Représentation de la grande fête de S. A. R. Mme la princesse d'Orange, donnée en 1686 en l'honneur de la naissance de Mgr le prince d'Orange. Très-belle pièce gravée en deux planches par D. Marot. Grand in-folio.

51 — Représentation de la flotte du prince d'Orange. 2 p. gravées par D. Marot.

52 — Louis XV, roi de France, tenant son lit de justice pour sa majorité. A Paris, chez Demortain, 1723.

53 — Inauguration de la statue de Louis XV sur la place de ce nom, d'après le tableau de M. Machy, par Hemery. Épreuve avant la lettre.

54 — La même estampe. Épreuve avec la lettre.

55 — Vaisseaux présentés au roi par les provinces de France, etc., en 1761 et 1762. Dessiné par Ozanne et gravé par Prevost.

56 — Représentation de la joûte qui s'est faite sur la rivière de Seine, le jour de la fête donnée par la ville de Paris, à l'occasion du mariage de Madame Louise-Élisabeth de France et de don Philippe, infant et grand-amiral d'Espagne. Petit in-fol. obl.

57 — Décoration du trône élevé au balcon de l'appartement de l'infante (29 août 1739), — du salon, composé de transparents, élevé sur deux bateaux placés sur la Seine, — de l'édifice du côté de la rivière, — de l'illumination faite dans les carrefours des rues Saint-Denis et de la Ferronnerie, à l'occasion du mariage de Madame de France et de don Philippe II, infant d'Espagne. *A Paris, chez Bailleuil et Lebas.* 4 pièces.

58 — Fêtes données à l'occasion du mariage de Madame Louise-Élisabeth de France et de don Philippe II, infant d'Espagne. 6 pièces, d'après Debonneval, Salley et Blondel.

59 — Cérémonie du mariage de Mgr le Dauphin avec Marie-Thérèse, infante d'Espagne, dans la chapelle du château de Versailles, le 23 février 1745, par Ch.-N. Cochin.

60 — Décoration du bal masqué donné par le roi, dans la galerie du château de Versailles, à l'occasion du mariage du Dauphin avec Marie-Thérèse d'Espagne, la nuit du 25 au 26 février 1745 ; par Ch.-N. Cochin.

61 — Décorations de la salle de spectacle et du bal paré, donné à Versailles à l'occasion du mariage du Dauphin. 2 p., par Ch.-N. Cochin.

62 — Vue du feu d'artifice, tiré à Paris, sur la Seine, le 21 janvier 1730, à l'occasion de la naissance du Dauphin, d'après Servandoni, par Dumont.

63 — Pompe funèbre de Marie-Thérèse d'Espagne, Dauphine de France, en l'église Notre-Dame de Paris, le 24 novembre 1746, d'après le dessin de Slodtz, et gravée par Ch.-N. Cochin.

64 — Pompe funèbre d'Élisabeth-Thérèse de Lorraine, reine de Sardaigne. *De Bonneval, inv.*; *N. Cochin, del et sculp.*

65 — Cérémonie du sacre de Louis XVI, dans l'église de Rheims, le xi juin 1775. *A Paris, chez Crépy, rue Saint-Jacques*, etc.

66 — Sacre de Louis XVI à Rheims, par Moreau le jeune.

67 — Arrivée de la reine à l'Hôtel-de-Ville pour la fête de la naissance de Mgr le Dauphin, par Moreau le jeune.

68 — Vue de la décoration et du feu d'artifice tiré à l'Hôtel-de-Ville de Paris, à l'occasion de la naissance du Dauphin (Louis XVII), le 21 janvier 1782. A Paris, chez Berton. Rare.

69 — La séparation de Louis XVI et de sa famille.

70 — Exécution de Louis XVI, le 21 janvier 1793.

71 — Louis XVI montant à l'échafaud. Charmante petite pièce dans un médaillon rond. Rare.

72 — Exécution de Louis XVI. Pièce en largeur.

73 — Massacre of the French king! Placard publié à Londres à l'époque, donnant la relation de l'exécution de Louis XVI et la représentation de la guillotine. Très-rare.

74 — Assassinat de Marat par Charlotte Corday. Gravée par Schiavonetti.

75 — Cupidon tambour-major national, avec chanson. A Paris, chez Driancourt. Rare.

76 — Serment fait le XXI germinal an IV, par quinze cents républicains, attaqués par une armée, de défendre la redoute de Montenesimo, etc. Pièce dessinée et gravée, à Rome, par Koch.

SUJETS DE MŒURS & COSTUMES

77 — Le portrait de l'homme de bien, — le portrait de l'homme du temps. Deux satires du temps de Henri IV. *A Paris, chez Jean Leclerc, rue Saint-Jean-de-Latran, à la Salamandre royale,* 1605.

78 — Les comédiens de l'Hôtel de Bourgogne, par A. Bosse. (Cat. de M. Duplessis, 1268.) Superbe épreuve d'une des pièces les plus rares et les plus recherchées de l'œuvre de Bosse.

79 — L'Accouchement (1376). *Leblond excudit.* Cette pièce, ainsi que les 6 suivantes, sont gravées par A. Bosse, et très-curieuses pour les costumes.

80 — La Visite à l'accouchée (1378). Très-belle épreuve. *Se vend à Paris, chez A. Bosse,* etc.

81 — Le Sculpteur (1386). Belle épreuve.

82 — L'Imprimeur (1388). Très-belle épreuve.

83 — Le Barbier (1396). *Leblond excudit.*

84 — Le Pâtissier (1397). *A Paris, chez Melchior Tavernier,* etc.

— 18 —

85 — Les Femmes à table en l'absence de leurs maris (1399). *Leblond excudit.*

86 — Le beau séjour des cinq sens. Pièce très-curieuse pour les costumes du temps de Louis XIII, gravée par Couvay, d'après Huret.

87 — Les quatre heures du jour. 4 p. gravées par Humbelot, d'après Lebrun.

88 — Les quatre âges de l'homme. 4 p. gravées par Humbelot. Manque l'enfance.

89 — Histoire véritable et facétieuse d'un Espagnol, lequel a eu le fouet et la fleur-de-lis dans la ville de Toulouse, pour avoir dérobé des raves et rogné des doubles.

90 — Jeune femme assise jouant du flageolet. *Viennot fecit; Huart excudit.* Pièce gravée par M. Lasne.

91 — Femme assise, tenant d'une main un éventail et de l'autre un livre de musique. *M. Lasne fecit; Mariette excudit.*

92 — « Margot avec son pot plein d'eau, etc. » Scène de mœurs de l'époque Louis XIII. *Jaspard Isac excudit.*

93 — *Fumeur et Buveur,* Saint-Igny *inv.*; M. Lasne *fecit;* Mariette *excudit.*

94 — L'ordre et la marche du grand Thomas pour aller à Versailles, avec l'explication de sa figure et de sa suite. Belle pièce gravée à l'eau-forte.

Ovation burlesque d'un paillasse arracheur de dents, une des célébrités du Pont-Neuf, du temps de Louis XIV.

95 — Le Théâtre de la Foire, suite complète de 25 pl., avec un frontispice, dessinées par Bonnart et gravées par F. Poilly. *A Paris, chez Étienne Ganeau.* Très-rare.

96 — Entrée à Paris, au mois d'août 1733, du nonce du Saint-Siége, par la porte Saint-Antoine. Dans le fond, on voit la Bastille.

97 — Assemblées des Francs-Maçons pour les réceptions des maîtres et des apprentis. Costumes français sous Louis XV. 7 p.

98 — Monument consacré à la postérité en mémoire de la folie incroyable de la xxe année du xviiie siècle. La Fortune distribue les actions de Law.

99 — L'Agioteur élevé par la Fortune au plus haut degré de la richesse et de l'abondance. Pièce gravée par Gillot, contre le système de Law.

100. — Charles Roger, marchand mercier de Paris, condamné par arrest de la Cour de Parlement d'estre exposé au pillory, le 21, 22 et 23 juin 1768, tel qu'il est ici représenté, pour banqueroute frauduleuse.

101 — Folies du carnaval. A Paris, chez Noël, etc. Rare.

102 — Expériences de MM. Montgolfier, Charles et Robert, en 1783. Trois pièces.

103 — Représentations des globes aérostatiques inventés par MM. Montgolfier, Charles et Robert.

104 — La quatorzième expérience aérostatique de M. Blanchard, faite à Lille en 1785.

105 — Le Triomphe de l'église, ou l'Extirpation du calvinisme. Grande pièce gravée en deux planches, d'après C. Le Brun, par Edelinck (R. D. 258). 1er état. Très-rare.

106 — Satire sur les solitaires de Port-Royal. Pièce anonyme. Rare.

107 — La Déroute et confusion des Jansénistes. Le pape (probablement Alexandre VII en 1656), armé d'une épée flamboyante, frappe les Jansénistes qui fuient vers la droite, où ils sont reçus par Calvin. Le roi (Louis XIII),

placé à gauche, prononce la condamnation des Jansénistes. Pièce gravée par *A. Bosse*. Rare.

108 — Jésus-Christ accueillant les religieux et religieuses de Port-Royal, et chassant les Jésuites de son temple.

109 — L'an 1715, 1ᵉʳ du règne de Louis XV, la liberté a été rendue à ceux qui restaient disgraciés pour les affaires de l'église. In fol., en larg.

110 — Édit d'expulsion des Jésuites de tous les États de la couronne de Portugal. *Donné au Palais de Notre-Dame d'Ayuda, le 3 septembre 1759.*

111 — Éclipse jésuitique. Les astronomes sont trompés à l'éclipse du 1ᵉʳ avril M.D.C.C.LXIV. Ce n'est pas la lune qui a éclipsé le soleil, mais les soi-disant jésuites Inigo et Xavier, que l'on a chassés du ciel. Jolie petite pièce exécutée à l'eau-forte.

112 — Coutume des Jésuites. Cette pièce représente dans le haut, à droite, un monstre vomissant des Jésuites armés de poignards ; à gauche, un Jésuite brise une couronne sur son genou ; un autre, debout, essaie du doigt la pointe d'un poignard.

— 22 —

113 — Expulsion des Jésuites des États du roi d'Espagne, de Naples et des duchés de Parme ; leurs ordres proscrits en France et en Portugal.

114 — Expulsion et embarquement des Jésuites des États d'Espagne, par ordre de Sa Majesté, le 31 mars 1767.

115 — Le Crime puni. Trois anges, ayant pour boucliers des écussons royaux armoriés, précipitent les Jésuites dans l'enfer, où des démons les reçoivent avec des démonstrations de joie.

116 — Allégorie sur la suppression et abolition des Jésuites, sollicitée à Rome par les puissances catholiques et accordée par le pape Clément XIV, le 21 juillet 1773.

117 — Trappe (Abbaye de la), Plan de l'abbaye de la Trappe, présenté au roi Louis XIV en 1708, par le frère Pacôme, et Vues de ladite abbaye. Six pièces.

118 — Cérémonies, occupations, auxquelles se livrent les religieux de l'abbaye de la Trappe. *A Paris, chez Bonnart, rue Saint-Jacques, au coq, avec privilége.* Seize pièces.

119 — Diverses occupations des mêmes religieux, par de Rochefort et Crépy. Quatorze pièces.

120 — Nouvelles ecclésiastiques condamnées au feu. Pièce satirique sur l'archevêque d'Aix, en 1731.

121 — M. de Vintimille, archevêque de Paris, par son mandement du 27 avril 1732, lance une excommunication sur les personnes de tout âge, sexe et condition, qui lisent les nouvelles ecclésiastiques.

122 — Religieuse bénédictine de Troyes, fille du comte de Megrigny, guérie à la suite d'une neuvaine au bienheureux Pàris, le 23 mars 1732 et enlevée par ordre du roi, le 2 avril suivant.

123 — Miracles accomplis au tombeau de M. de Pâris. Pièce anonyme, gravée à l'eau-forte.

124 — Le Cimetière de Saint-Médard, fermé le 29 avril 1732. — Le Parlement de Paris opprimé, exilé dans les fers, et la Constitution *Unigenitus*. Trois pièces.

125 — Le Reposoir, par S. Della Bella. Très-belle épreuve avant l'adresse de *Witterhout exc.*

126 — Représentation des machines qui ont servi à élever les deux grandes pierres qui couvrent le fronton de la principale entrée du Louvre, par S. Leclerc.

127 — Le Mai des Gobelins, par Sébastien Leclerc.

128 — L'Académie des Sciences et des Beaux-Arts, par S. Leclerc.

129 — Titres de livres gravés par Fornaseris, Audran, etc. Cinq pièces.

130 — Blason, Cartes du nobiliaire de Champagne. Trois pièces publiées par Dubuisson, généalogiste.

131 — Alphabet du blason. Vingt-sept pièces numérotées depuis la lettre A à la lettre Z. Manquent les nos 3 et 26.

132 — Tableaux instructifs pour la connaissance du blason. Deux pièces.

133 — Carte du gouvernement civil de France. — La France divisée en ses *douze* anciens gouvernements et en ses *vingt-quatre* nouveaux. Deux pièces.

134 — Généalogie des dieux, rois et princes de l'antiquité, par Maillard, et carte chronologique de l'histoire moderne, depuis le commencement de l'ère chrétienne à nos jours. Deux pièces

135 — Généalogie des couronnes d'Espagne, Portugal, et de la maison de Médicis. Deux pièces gravées par Mondhare et Allegrini.

PLANS & VUES DE PARIS

136 — Lutetiæ Parisiorum universæ Galliæ metropolis novissima et accuratissima delineatio, per Joannem de Ram. (Plan de Paris, publié par Jean de Ram, sous Louis XIV.)

137 — L'admirable dessin de la Porte et Place de France, avec ses rues, commencée à construire ès-maretx du Temple, à Paris, durant le règne de Henry le Grand, en 1610, avec description au-dessous.

138 — Vue et perspective de Paris. *M. Merian ad vivum delineavit.*

139 — Vue générale de Paris, pièce gravée d'après Chastillon, publiée en 1620. — Autre Vue, publiée en 1654.

140 — Plan routier de la ville de Paris et de ses faubourgs, par Nolin, géographe du temps de Louis XIV.

141 — Vues de Paris, prises de l'Arsenal, de l'église de Chaillot, de Meudon et de Belleville. Quatre pièces dessinées et gravées par Milcent. *A Paris, chez Desrochers,* etc. Rares.

142 — Perspective du Pont-Neuf, par St. Della Bella. Belle épreuve.

143 — Perspective de la ville de Paris, vue du Pont des Tuileries, par Silvestre.

144 — Vue du Pont-Neuf, de la Tour et de l'ancienne porte de Nesle, par Callot.

145 — Plan du Jardin des Plantes, gravé par Abr. Bosse, en 1641. Rare. (Cat. de M. Duplessis, 1269).

146 — Vue et perspective du Palais des Tuileries, du côté de l'entrée et du jardin. Deux très-grandes pièces gravées par I. Silvestre. Très-belles épreuves avec toutes leurs marges.

147 — Vue et perspective du Palais et Jardin des Tuileries, prises du quai de la Grénouillière, par I. Silvestre. Belle épreuve avec grandes marges.

148 — Vues des Tuileries. Quatre pièces par I. Silvestre.

149 — Vues diverses des Tuileries et du Louvre. Neuf pièces, par Perelle.

150 — Les Tuileries et le Louvre par Du Cerceau. Trois pièces.

151 — Plans et Vues du Louvre, par J. Marot et Blondel. Dix pièces.

152 — Vues diverses du Louvre. Quatre pièces, par I. Silvestre.

153 — Vues des Tuileries et du Louvre, par divers. Quatre pièces.

154 — Dessin d'une chapelle royale en pyramide, pour être élevée au milieu du Louvre, présenté au Roi en 1683. Rare.

155 — Vues du Palais-Royal. Cinq pièces, d'après Courvoisier, Lespinasse et Louis, dont une avant la lettre.

156 — Plans et Vues du Palais-Royal, Luxembourg et Observatoire. Seize pièces, par Marot, Aveline, etc.

157 — Vues diverses du Palais-Royal et du Palais du Luxembourg. 15 p. gravées par Perelle et Aveline.

158 — Vues diverses du Luxembourg. 6 p. par I. Silvestre.

159 — Hôtel-de-Ville et Place-Royale. 3 p. par I. Silvestre.

160 — Vue de la Place et de l'Amphitéâtre Dauphine, par J. Marot. 3 p.

161 — Ponts Saint-Michel, de la Tournelle, Saint-Landry et Vue de l'ancienne Porte-Saint-Denis. 4 p. par I. Silvestre.

161 bis — Portes Saint-Honoré, Saint-Bernard, Saint-Martin, Saint-Denis, de la Conférence-Saint-Antoine et Arc-de-Triomphe du faubourg Saint-Antoine. 9 p. par Perelle et Aveline.

162 — Pont-Neuf, Pont-au-Change, place Dauphine, Pont-Notre-Dame, perspective de la ville de Paris, vue du Pont-Royal, Ile-Notre-Dame et Porte-Saint-Bernard, Notre-Dame, Pont de la Tournelle, etc., etc.

163 — Vues du port Saint-Paul et de la Porte-Saint-Bernard, à Paris. 2 p. gravées en couleur par Descourtis, d'après Demachy.

164 — L'Hôtel-des-Invalides, la Sorbonne, le Val-de-Grâce, l'Hôtel-de-Ville, les Quatre-Nations, la Bastille, par Goyran, etc. 8 p. par Perelle et Aveline.

165 — Vues du Cours-la-Reine, Hôtel de Saint-Paul, Hôtel de Soissons et Maison de M. de Bretonvilliers. 5 p. par I. Silvestre.

166 — Eglises Saint-Victor, Saint-Martin-des-Champs, Eglise et Cour du Temple, Eglise de l'hôpital Saint-Louis, Eglise des Carmes-Déchaussés. 5 p. par I. Silvestre. Très-belles épreuves.

167 — Le véritable portrait de Notre-Dame-de-la-Paix, colloqué dans le mur des Capucins de la rue Saint-Honoré. Très-jolie pièce gravée par Jean Lepautre.

168 — La Sainte-Chapelle et la Chambre des Comptes de Paris, Ile Notre-Dame et Couvent des Augustins, en l'Ile du Palais. 4 p. par I. Silvestre.

169 — Vues diverses de la Sorbonne. 3 p. par I. Silvestre.

170 — Vues et plans de la Sorbonne, par J. Marot, Chevotet, etc. 12 p.

171 — Vues et plans de l'église Sainte-Geneviève et du Panthéon. 21 p. par Desbœufs, Meunier, Souflot, etc.

172 — Églises Notre-Dame, Saint-Germain-l'Auxerrois, Saint-Sulpice, Saint-Eustache, l'Assomption, Minimes de la Place-Royale, Saint-Gervais, la Madeleine, les Capucins de la rue Saint-Honoré, les Théatins, etc. 130 p. par et d'après Marot, Laurent, Dupuis, Desmaisons, Chevotet, etc.

173 — Recueil des plus beaux édifices et frontispices des églises de Paris, dessiné et gravé par Jean Marot. 11 p.

— 30 —

174 — Églises Saint-Victor, Saint-Roch, Saint-Sauveur, des Religieux de la Mercy, Père-Lachaise, Luxembourg, Hôtels de Liancourt, de Chevreuse, de la Vrillière, projets de Palais, Fontaines, Arcs-de-triomphe, etc. 19 p. par Jean et Daniel Marot.

175 — Vue de l'Amphithéâtre anatomique construit sous le règne de Louis le Grand, par les soins de la Compagnie royale de MM. les chirurgiens de Paris, en 1694. Pièce gravée par Simonneau et Perelle, au bas la vue du Louvre et du cours de la Seine prise du Pont-Neuf.

176 — Vues du Val-de-Grâce et du collège Mazarin. 9 p. par J. Marot, Charpentier et Blondel.

177 — Diverses Vues de l'Hôtel et de la Chapelle royale des Invalides. 24 p. par Marot, Aveline, etc.

178 — Vues et plans de l'École-Militaire et du Champ-de-Mars. 8 p. Une vue du Champ-de Mars, par Lespinasse, est avant la lettre.

179 — Bourse, Notre-Dame, Jardin-des-Plantes, le Louvre, grande colonnade du Louvre, place Louis XV, Hôtel des Monnaies, Palais-de-Justice, Saint-Sulpice, etc. 11 p. d'après Courvoisier, Meunier, Desmaisons.

180 — Champs-Élysées, Invalides, Louvre, Pont-d'Iéna, Pont-de-la-Cité, Pont-de-Neuilly. 10 p.

181 — Vues de l'Hôtel-des-Monnaies. 3 p.

182 — Vues de la place des Victoires, par Aveline, etc. 8 p.

183 — Vues de la place Louis XV. 5 p.

184 — Arc-de-Triomphe du faubourg Saint-Antoine, par J. Marot et S. Leclerc. 4 p.

185 — Fontaines de la rue de Grenelle-Saint-Germain, d'après Bouchardon ; des Innocents, de la rue Saint-Louis, de la Porte-Saint-Germain, de la Charité, Saint-Denis, etc. 6 p.

186 — Théâtres français, Ambigu et Théâtre-Italien. 8 p. par et d'après Courvoisier, Lallemand et Gaitte.

187 — Vues des plus beaux édifices publics et particuliers de la ville de Paris, gravés par Janinet, etc. Un volume pet. in-fol. oblong, contenant 88 planches. Rare à trouver complet.

188 — Vues des monuments de Paris. 30 p. dessinées par Durant et gravées en couleur par Janinet ; publiées vers la fin du siècle dernier. Rares.

189 — Les mêmes, gravées en noir. 12 p.

190 — Différentes petites Vues des monuments de Paris, gravées en couleur dans des ronds par différents artistes français de la fin du siècle dernier. 29 p. Réunion curieuse et rare.

191 — Différentes Vues de Paris : la Sorbonne, les Invalides, le Luxembourg, le Louvre, les Tuileries, Palais-Royal, Églises, etc. 110 p.

192 — Différentes Vues d'optique de Paris, Versailles et environs. 9 p. coloriées.

193 — Plans et vues du Château-d'Eau, Chambres du Parlement de Paris, Porte-Saint-Denis, Corps-Législatif. 13 p.

194 — Hôtels et Maisons de Paris, par Jean Marot. 45 p.

195 — Plans et Vues de l'Hôtel de Rohan, Amelot, de Clermont, Rotelin, d'Auvergne, Ludes, Mansart, d'Estrées, de Lorge, etc. 33 p. publiées chez Mariette, Chereau, etc.

196 — Plans et vues des hôtels de Toulouse, de Vouvray, Dunoyer, Desmarets, d'Estrées, Sonniny, de Cotte, Croizot, par les architectes Mansart, Bullet, Corland, Dulin. 39 p. publiées chez Mariette.

VUES DE FRANCE

197 — Vue du château et jardins de Versailles, du côté de l'Orangerie. *Dédié à Monseigneur le duc d'Antin.* Grand plan en six feuilles, gravé par Coquart en 1712.

198 — Plans de la ville, château, jardins et autres dépendances de Versailles et Trianon. 15 p. publiées à Paris, chez Mariette, Vanheck, Demortain, Jombert, Mondhare, N. de Fer, etc.

199 — Vues et perspectives de la ville et château de Versailles. 6 p. dessinées et gravées par P. Menant.

200 — Vues du château royal de Versailles, jardins, parcs, ménagerie, écuries, cascades, etc. 20 p. gravées par Perelle.

201 — Vues du château, jardins et dépendances de Versailles, gravées par I. Silvestre, Aveline, etc. 10 pièces.

202 — Plans, vues, etc., du château de Versailles et ses dépendances. 22 p.

203 — Pavillons du château de Versailles. 6 p.

204 — Vues, plans, intérieurs, etc., de la chapelle de Versailles. 22 p., publiées chez Demortain et gravées par Le Pautre et autres.

205 — Vues des jardins, bassins, fontaines, cascades, bosquets, etc., de Versailles et Trianon. 43 p. gravées par Perelle, Aveline, etc.

206 — Fontaines, bassins, bosquets, théâtre d'eau, du château de Versailles. 14 p. publiées chez Demortain.

207 — Fontaines du château de Versailles. 7 p. publiées chez Demortain.

208 — Vues et plans de la grotte de Versailles. 6 p. gravées par Le Pautre.

209 — Vue et perspective du château de Fontainebleau, grande pièce gravée par I. Silvestre.

210 — Diverses vues du château, jardins, cours, etc., de Fontainebleau. 11 p. gravées par I. Silvestre.

211 — Vues de la grande chapelle, des fontaines, cascades de Fontainebleau, etc., 10 p. gravées par I. Silvestre.

212 — Vues du château, jardins et fontaines de Fontainebleau, par I. Silvestre. 6 p.; plus 2 vues du château de Coffry.

213 — Vues et plan de Fontainebleau, par Van der Meulen, N. de Fer, etc. 6 p.

214 — Château, parc, jardins, cascades, étang, fontaines, etc., de Fontainebleau. 15 p. gravées par Perelle.

215 — Vues et plans du vieux et nouveau château de Saint-Germain. 10 p. gravées, par Perelle et Aveline.

216 — Vues du château, parc, jardins et cascades de Saint-Cloud. 13 p. gravées par Perelle et Aveline.

217 — Vues des châteaux, jardins, cascades, etc., de Saint-Cloud, Saint-Germain, Meudon, Versailles, par I. Silvestre. 12 p.

218 — Vues du château et jardins de Marly, dessinés par Pierre Le Pautre, etc. 7 p.

219 — Plans et profils de la machine de Marly. 7 p.

220 — Vues et plans du château de Meudon. 17 p. gravées par Perelle, Aveline, etc., N. de Fer.

221 — Vues diverses du château de Rueil et de ses cascades. 19 p. par Perelle.

222 — Vues du château de Clagny, bâti d'après le célèbre architecte Hardouin Mansart. 9 p.

223. — Vues et plan du château de Chantilly, par Perelle et Aveline. 25 p.

224 — Vues des châteaux de Chambord, Rambouillet, Monceaux et le Rincy. 9 p. gravées par I. Silvestre, Perelle et Aveline.

225 — Vues du château de Vincennes. 8 p. gravées par Perelle, Aveline et Rigaud.

226 — Vincennes, le Rincy. 8 p. par I. Silvestre et J. Marot.

227 — Vue du château de Madrid, dans le bois de Boulogne, par Boisseau, Silvestre, etc. 4 p.

228 — Plan du Lois de Boulogne, par N. de Fer, 1705. Rare.

229 — Plans et vues du château de Sceaux. 8 p. par Perelle et autres.

230 — Vues du château de Vaux le-Vicomte. 4 p. gravées par I. Silvestre, Jean Marot et Gole.

231 — Plan et vue du château de Gaillon, en 1748. *A Paris, chez Le Rouge, ing. géographe*, etc.

232 — Vues et perspectives du château de Tanlay et de l'église des Cordeliers, de Ancy-le-Franc, château et cascades de Trémont, etc. 14 p. par I. Silvestre. Belles épreuves.

233 — Châteaux de Villeroy, Chilly, Gros-Bois, Écouen, Berny, Maisons, Saint-Maur, Chaillot, village, pont et temple de Charenton. 12 p. par I. Silvestre.

234 — Verneuil, Montmirel, La Roche, Bourbon-Laucy, Triols, Lery, Liencourt, Louvois, etc. 12 p. par Perelle et autres.

235 — Conflans, Maisons, Choisy, Saint-Maur, etc. Acqueduc d'Arcueil. 5 p. par Perelle.

236 — Château et ville de Richelieu, en Poitou, construits par le cardinal de ce nom. 16 p. gravées, par I. Silvestre et J. Marot.

237 — Vues du château de Liencourt, par I. Silvestre. 6 p.

238 — Châteaux de Pont, en Champagne, village d'Essône, Blerancourt, Courance en Gastinois ; Fresnes, Coulommiers et Lusigny, en Brie, La Roche-Guyon, le vieux château de Rouen, Gaillon, etc. 12 p. par I. Silvestre.

239 — Vues et plans des châteaux de Maisons, Issy, Bercy et maisons de campagne des environs de Paris. 27 p. gravées par J. Marot e autres.

240 — Plans et vues des châteaux de Stain, Champ, Saint-Sépulcre, Pontz en Champagne, Coulommiers, Bagnolet, Lignières, et différentes maisons. 37 p. gravées par Jean Marot, Blondel et autres.

241 — Vue de Gentilly, le chemin royal de la Crotte, plan des Halles construites à l'emplacement de l'Hôtel de Soissons, Hôtel de Vendôme. 6 p.

242 — Vue du château et de la grande salle de Montargis, par J. A. Du Cerceau.

243 — Château et Fontaine de Diane, à Anet, par Du Cerceau. 4 p.

244 — Château de Madrid, dans le bois de Boulogne. 4 p. par Du Cerceau et J. Marot.

245 — Château de Gaillon et le plan général, par Du Cerceau. 3 p.

246 — Château d'Ansy-le-Franc, par Du Cerceau, 3 p.

247 — Château de Verneuil, par Du Cerceau, 2 p.

248 — Château de Charleval, par Du Cerceau. 4 p.

249 — Château de Creil, par Du Cerceau. 2 p.

250 — Château de Vallery, par Du Cerceau. 3 p.

251 — Château de Meaune, par Du Cerceau.

252 — Château de Beauregard, par Du Cerceau. 2 p.

253 — Plans des châteaux de Vincennes, Chambord, Coussi, Saint-Maur, Folembray, Bury, Dampierre, Saint-Germain, Villers-Cotrets, Amboise, La Muette, Blois, Chenonceaux, etc. 20 p. par Du Cerceau.

254 — Châteaux de La Roche-Guyon, Anet, Fomechon, Cerny, Chaumont, Niolant, Montereau, Nétancourt, Clermont, Alluyé, Lierville, Nioffré, Donuy, Orval, Challuan, Bonnet, Sillery, Royan, etc., 27 p. gravées par Chastillon.

255 — Vues des villes, bourgs et châteaux de Chaulny, Sainte-Menéhould, Provins, Pont-sur-Yonne, Domartin, Saint-Dizier, Donchery, Crespi, Monceaux, Montereau, Vernon, Vitry-le-Français, Poissy, Stenay, Milly, Ronai, etc. 30 p. gravées par Chastillon.

256 — Abbayes de Essone, Maulbuisson, Signy, Saint-Faron à Meaux, Temple calviniste à Metz, plans et vues de forteresses, etc. 18 p. gravées par Chastillon.

257 — Châteaux de Folembray, Villers-Cottrets, Vincennes, palais du Luxembourg et Royal, à Paris, maison de Bobigny, Bicêtre. 10 p. par Boisseau et autres.

258 — Vue générale de l'abbaye de Sainte-Geneviève, par J.-B. Scotin.

259 — Vue générale de l'abbaye de Clairveaux, par Lucas.

260 — Vue de la Grande-Chartreuse du Val-Dieu, dessinée par le R. P. Miserey, et gravée par J.-B. Poilly.

261 — La ville et cité d'Arles. *J. Godion excudit.* Grande vue gravée en 2 pl.; plus 2 vues de monuments antiques près Saint-Remi.

262 — Plans des villes d'Arras, La Rochelle, Calais, Neuf-Brissack, Béthune, etc. 9 p.

262 bis — Vue générale de la ville d'Avignon et du cours du Rhône, grande pièce en largeur, gravée en quatre feuilles, un peu endommagée dans la partie droite du haut. Très-rare.

263 — Plan de la ville de Besançon, gravé au XVIe siècle. 2 p. dont une avant les personnages.

264 — Plan géométral de la ville de Bordeaux, et de partie de ses faubourgs, levé par les sieurs Santin et Miroil, géographes, en 1754, et gravé, à Paris, par Lottré; grand plan entouré des principaux monuments de Bordeaux; plus, une vue de la Salle des spectacle, par M. Louis.

265 — Vues des ports de Brest et Rochefort. 6 p.

266 — Dessin original pour le modèle de la proue du vaisseau le *Royal-Louis*, de 110 canons, construit à Brest par M. Guignace, ingénieur en chef, en 1780. Ce dessin porte les signatures des membres du conseil de construction et est approuvé par M. de Sartine.

267 — Plans et vues de la ville de Cambray. 4 p., dont une gravée, vers 1570.

268 — Cherbourg. Disposition de l'escadre venue à Cherbourg à l'occasion du voyage qu'a fait le roi, le 23 juin 1786. Trois pièces gravées par Tilliard.

269 — Plans et vues de la ville de Dieppe. 7 p. gravées par J. Gomboust, I. Silvestre, etc.

270 — Dijon. Plan de la ville et de ses environs, par Beaurain, géographe, et vue du palais des États de la province de Bourgogne, par Le Jolivet, architecte. 2 p.

271 — Plans et vues de la ville et du port de Dunkerque. 7 p.

272 — Vue de la ville de Grenoble, palais de Lesdiguières à Grenoble, Tour de Clermont en Dauphiné, Tour de la Villeneuve et du pont d'Avignon, château et ville d'Avignon, Moulins en Bourbonnais, etc. 9 p. par I. Silvestre; très-belles épreuves.

— 42 —

273 — Plans et vues des villes de Grenoble, Saint-Gallen, Perpignan, Roanne, Montbéliard, Bayonne, Dôle, Verdun; cartes du Dauphiné et du Languedoc, etc. 26 p.

274 — Plan de la ville de Laon, gravé au XVIIe siècle.

275 — Plans et vues des batailles et siéges de La Rochelle.

276 — Vues et plans de la ville et du port du Havre, par Jacques Gomboust, Bacheley, Martinet et de Fer. 6 p.

277 — Plan de la ville de Lyon, gravé par A. Bosse. Entouré d'une légende explicative. Rare. (Cat. de M. Duplessis, 1261).

278 — Plans de la ville de Lyon, entourés de ses principaux monuments. 2 p. publiées par J. Rocque, à Londres.

279 — Vue et plan de l'Hôtel-de-Ville de Lyon, en 1660-61, autour les armoiries des prevosts et échevins de la ville, et gouverneurs de la province de 1595 à 1655. *Nicolas Auroux, fecit.* Quatre feuilles. Rare.

280 — Vues de Lyon et ses environs. 7 p. par I. Silvestre, très-belles épr. avec toutes leurs marges.

281 — Diverses vues de Lyon, dessinées et gravées par I. Silvestre. Suite complète de 13 p. 1er état.

282 — Lyon. Hôtel-de-Ville, église des Cordeliers, Palais et Fort-Royal de Lyon et Bastion de Saint-Jean de Pierre-en-Scize. 4 p. par I. Silvestre. Belles épreuves.

283 — Vues et plans de la ville de Lyon, et description de l'horloge de l'église Saint-Jean. 11 p.

284 — Plan de la ville de Mâcon, gravé sur bois, en 1580.

285 — Marseille. Grand plan géométral de la ville, citadelle, port et arsenaux de Marseille, dressé par Razaud, ingénieur, et gravé par Randon, en 1743, plus un plan des environs de Marseille par de Fer, et 3 vues des Galères. 7 p.

286 — Vue du Cours de Marseille, pendant la peste, en 1720, par J. Rigaud.

287 — Château et ville de Montbar, abbaye de Clairvaux, cité d'Alize et château de Monné, en Bourgogne ; Quincy, Valery et Iroy, en Champagne, Moret, près Fontainebleau, etc. 11 p. par I. Silvestre. Très-Belles épreuves.

288 — Nancy. Vues de la porte de la citadelle, de l'église Saint-Nicolas, Saint-Nicolas en Lorraine, de la porte de Rozière, du château de Fléville, proche Nancy, etc. 8 p. par I. Silvestre.

289 — Nîmes. Vues et plans de la ville, des antiquités et du pont du Gard. 19 p.

290 — Plans et vues des villes et monuments d'Orléans, Abbeville, Beauvais, Noyon, maison de la chevalière d'Eon, etc. 17 pièces.

291 — Rheims. Vues et perspectives de la place Louis XV. 4 p. gravées, dont 2 par Choffart.

292 — Plans de la ville de Rheims, de l'église métropolitaine et du tombeau de saint Remi, par Daudet, géographe, etc. 10 p.

293 — Le somptveyx frontispice de l'église Notre-Dame de Rheims, ville du sacre, 1625. *N. de Son Rem. fe. sculp. exc.* Très-rare et superbe épreuve avant l'adresse de Moreau.

294 — L'excellent frontispice de l'église de l'abbaye de Saint-Nicaise de Rheims, *par N. De Son.*

295 — Rouen. Deux grands plans de la ville, gravés en plusieurs feuilles, et autres vues diverses. 7 p.

296 — Saint-Omer. Plans et vues de la ville, gravés par St. Della Bella, et sur bois. 4 p.

297 — Sedan. Vues de la ville, citadelle et château. 2 p. gravées par Boisseau et Chastillon.

298 — Strasbourg. Vue et plans de la ville. 5 p. dont 2 publiées chez Allard, à Amsterdam, et en 1734.

299 — Vue de l'Hôtel-de-Strasbourg, par Lebas.

300 — Vues de Tonnerre, Notre-Dame de Tonnerre, abbaye de Saint-Martin et château de Lesigné, près Tonnerre, Mâcon, Saint-Florentin en Bourgogne, Saint-Étienne de Sens, etc. 10 p. par I. Silvestre. Très-belles épreuves.

301 — Vue de la ville de Toul en Lorraine, gravée par J. Silvestre.

302 — Toulon. Plans et vues du port. 9 p., dont 2 dessins.

303 — Carte des diocèses de Toulouse, Mirepoix, Narbonne, Béziers et d'Ayde. Grande carte entourée du plan des acqueducs et des armoiries des prélats de ces mêmes diocèses, gravée par Nolin en 1667.

304 — Plans et vues des villes, places fortes de Metz, Épinal, Nancy, Charleville, Mons, Sarlouis, Thionville, Montmédi, Tournay et Saint-Ghillain. 18 p.

305 — Vue de la façade de la cathédrale de Milan, dessinée par Butio, architecte de la ville, et gravée par Aynelli.

306 — Antiche. E. Moderne. Vedvte. Di. Roma. E. Contorno. Fate. Da. Israël Silvestro. *Cum privile Regis excudit Parisiis.* Suite de 12 p. numérotées (3). Belles épreuves du 2e état.

307 — Les églises des stations de Rome. Suite de 10 p. gravées par I. Silvestre (Catalogue de M. Faucheux, 2). Très-belles épreuves du 1er état, avec toutes leurs marges.

308 — Vues de Rome et de Venise. Suite de 12 p. numérotées, gravées par I. Silvestre ; manque les nos 1 et 6 (4). Très-belles épreuves du 1er état.

309 — Recueil de vues de plusieurs édifices, tant de Rome que de ses environs. Suite de 13 p. numérotées (7), gravées par I. Silvestre. Très-belles épr. du 1er état.

310 — Diverses vues de ports de mers (14), (15), 1er état. Diverses vues de ports de mer d'Italie et autres lieux (16) 1er état, et vues de France et d'Italie (24), 1er état. 4 suites de 6 p. de forme ronde, gravées par I. Silvestre. Très-belles épr.

— 47 —

311 — Vue de la ville de Rome, prise au-delà de la porte du château Saint-Ange (28), par I. Silvestre. Grande vue en 4 feuilles de 1225 m. de larg. sur 185 de haut. Belle épreuve du 1er état.

312 — Différentes vues dessinées et gravées au naturel, par I. Silvestre. 4 p. *A. de Fer ex.*, etc.

313 — Sous ce numéro, il sera vendu grand nombre de pièces de topographie sur Paris, la France et l'étranger, par Mérian, et tous les articles omis.

RENOU et MAULDE, imprimeurs de la Compagnie des Commissaires-Priseurs,
rue de Rivoli, 144.   8903

www.ingramcontent.com/pod-product-compliance
Lightning Source LLC
Chambersburg PA
CBHW070711050426
42451CB00008B/593